AF187621

Impressum
Verlag: BABADADA GmbH, Nedderfeld 112 , 22529 Hamburg
Geschäftsführer / Verlagsleitung: Harald Hof
Druck: Books on Demand GmbH, In de Tarpen 42, 22848 Norderstedt

Imprint
Publisher: BABADADA GmbH, Nedderfeld 112 , 22529 Hamburg, Germany
Managing Director / Publishing direction: Harald Hof
Print: Books on Demand GmbH, In de Tarpen 42, 22848 Norderstedt, Germany

escola

la escuela

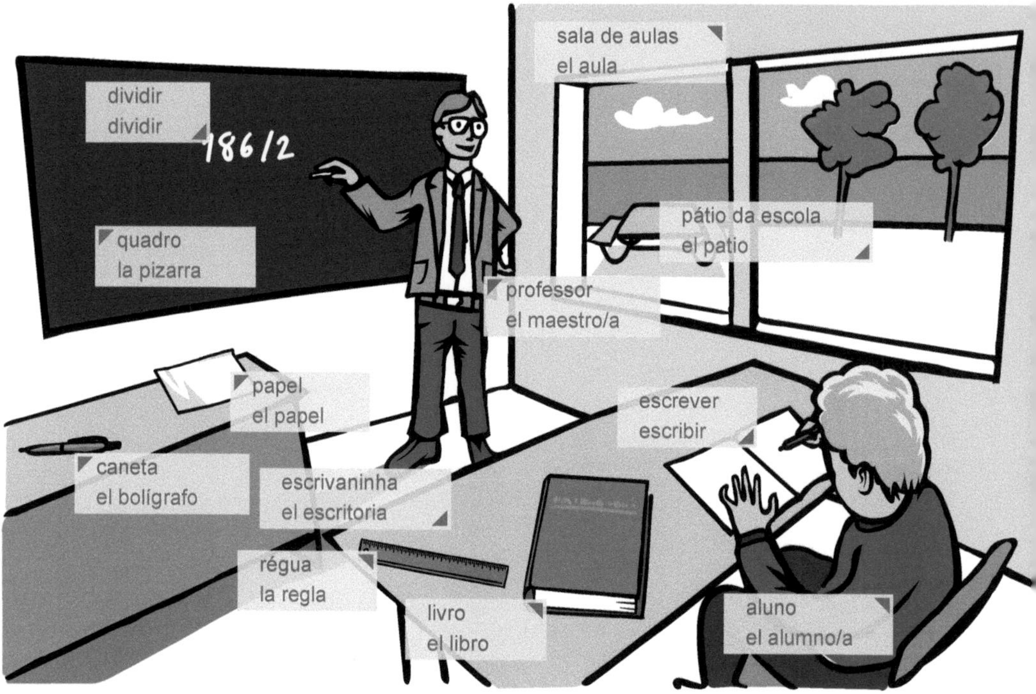
sala de aulas
el aula
dividir
dividir
186/2
quadro
la pizarra
pátio da escola
el patio
professor
el maestro/a
papel
el papel
escrever
escribir
caneta
el bolígrafo
escrivaninha
el escritoria
régua
la regla
livro
el libro
aluno
el alumno/a

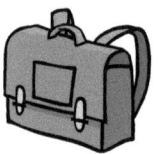

sacola

la cartera

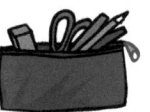

estojo de lápis

la caja de lápices

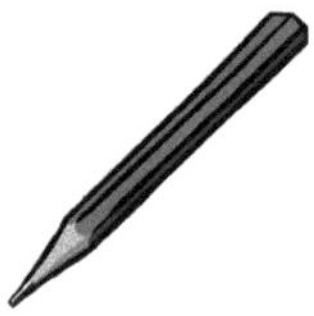

lápis

el lápiz

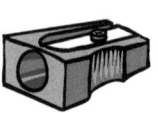

apontador de lápis

el sacapuntas

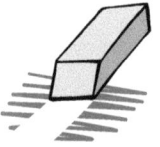

borracha

la goma de borrar

bloco de desenho

el cuaderno de dibujo

desenho

el dibujo

pincel

el pincel

estojo de tintas

la caja de pinturas

tesoura

las tijeras

cola

el pegamento

livro de exercícios

el cuaderno de ejercicios

lição de casa

los deberes

número

el número

somar

sumar

subtrair

restar

multiplicar

multiplicar

calcular

calcular

letra

la letra

alfabeto

el alfabeto

palavra

la palabra

texto

el texto

ler

leer

giz

la tiza

hora

la lección

registro da classe

el cuaderno de notas

exame

el examen

certificado

el certificado

uniforme escolar

el uniforme

educação

la educación

enciclopédia

la enciclopedia

universidade

la universidad

microscópio

el microscopio

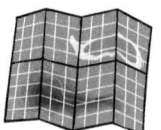

mapa

el mapa

cesto de lixo

la papelera

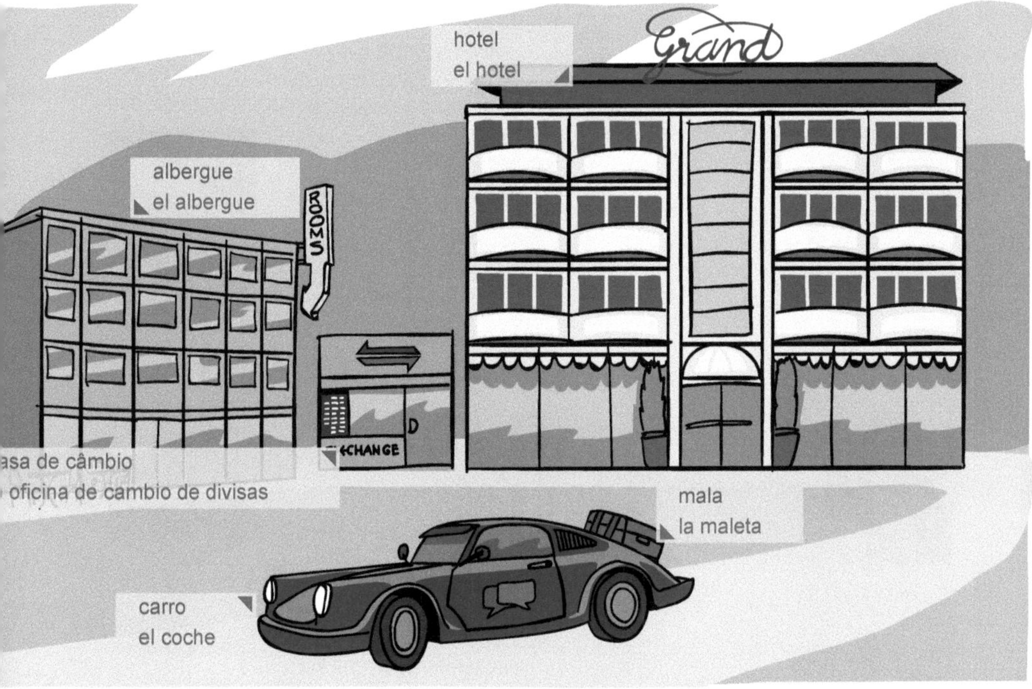

hotel
el hotel
Grand
albergue
el albergue
ROOMS
EXCHANGE
asa de câmbio
oficina de cambio de divisas
mala
la maleta
carro
el coche

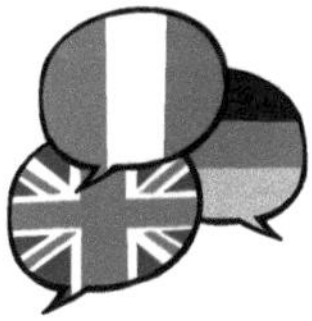

idioma

el idioma

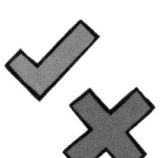

sim / não

sí / no

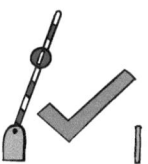

ok

Vale

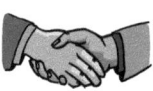

Olá

hola

tradutor

el traductor

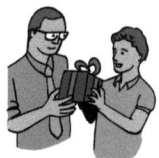

obrigado

Gracias

quanto custa...?

¿cuánto es…?

eu não entendo

No entiendo

problema

el problema

boa noite!

¡Buenas tardes!

Bom dia!

¡Buenos días!

Boa noite!

¡Buenas noches!

até logo

adiós

direção

la dirección

bagagem

el equipaje

bolsa

la bolsa

mochila

la mochila

convidado

el invitado

quarto

la habitación

saco de dormir

el saco de dormir

barraca

la tienda de campaña

informação turística

la información turística

praia

la playa

cartão de crédito

la tarjeta de crédito

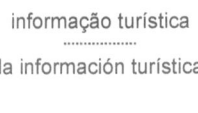

café da manhã

el desayuno

almoço

el almuerzo

jantar

la cena

bilhete

el billete

elevador

el ascensor

selo

el sello

fronteira

la frontera

alfândega

la aduana

embaixada

la embajada

visto

la visa

passaporte

el pasaporte

transporte
el transporte

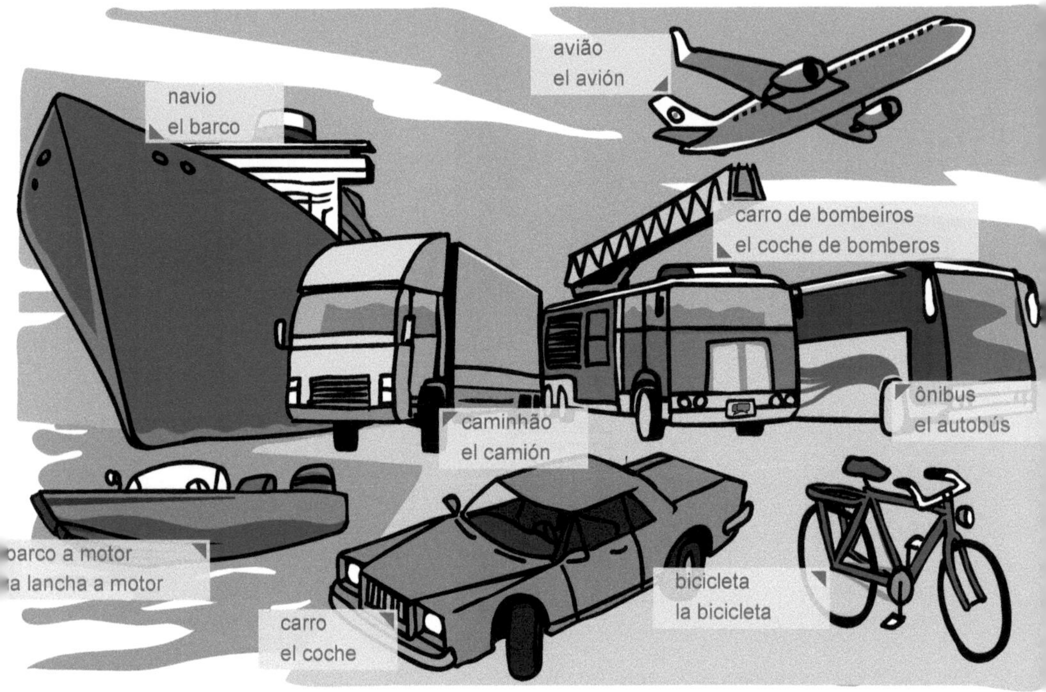

avião
el avión
navio
el barco
carro de bombeiros
el coche de bomberos
ônibus
el autobús
caminhão
el camión
arco a motor
a lancha a motor
bicicleta
la bicicleta
carro
el coche

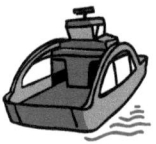

balsa

el transbordador

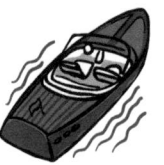

barco

la barca

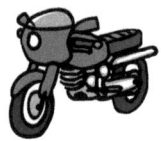

motocicleta

la moto

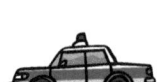

veículo policial

el coche de policía

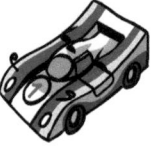

carro de corrida

el coche de carreras

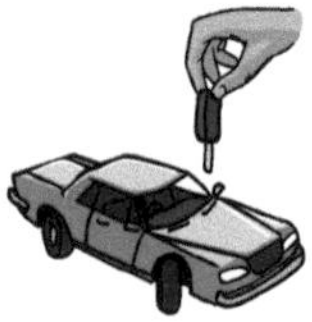

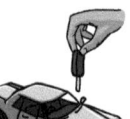

carro de aluguel

el coche de alquiler

compartilhamento de automóvel
el préstamo de vehículos

caminhão de reboque
la grúa

caminhão de lixo
el camión de la basura

motor
el motor

combustível
la gasolina

posto de gasolina
la gasolinera

placa de trânsito
la señal de tráfico

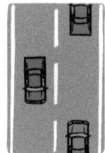

trânsito
el tráfico

trânsito lento
el atasco

estacionamento
el aparcamiento

estação de trem
la estación de tren

trilhos
las vías

trem
el tren

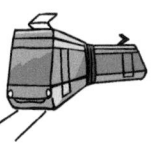

bonde
el tranvía

vagão
el vagón

transporte - el transporte

helicóptero

el helicóptero

aeroporto

el aeropuerto

torre

la torre

passageiro

el pasajero

contêiner

el contenedor

cartolina

la caja de cartón

carroça

la carretilla

cesto

la cesta

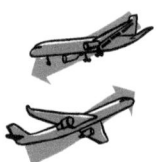

decolar / pousar

despegar / aterrizar

cidade

la ciudad

vilarejo

el pueblo

centro da cidade

el centro de la ciudad

casa

la casa

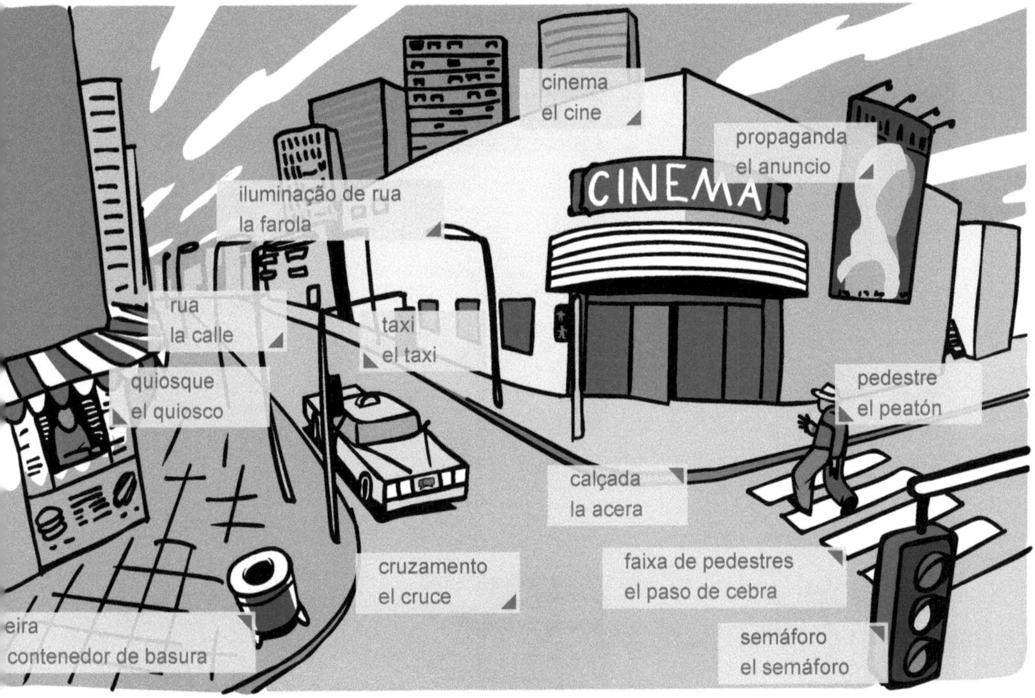

cinema
el cine

propaganda
el anuncio

iluminação de rua
la farola

rua
la calle

taxi
el taxi

quiosque
el quiosco

pedestre
el peatón

calçada
la acera

cruzamento
el cruce

faixa de pedestres
el paso de cebra

eira
contenedor de basura

semáforo
el semáforo

cabana
la cabaña

apartamento
el apartamento

estação de trem
la estación de tren

prefeitura
el ayuntamiento

museu
el museo

escola
la escuela

cidade - la ciudad

universidade

la universidad

banco

el banco

hospital

el hospital

hotel

el hotel

farmácia

la farmacia

escritório

la oficina

livraria

la librería

loja

la tienda de campaña

floricultura

la floristería

supermercado

el supermercado

mercado

el mercado

loja de departamentos

los grandes almacenes

peixaria

la pescadería

centro comercial

el centro comercial

porto

el puerto

parque

el parque

banco

el banco

ponte

el puente

escadas

las escaleras

metrô

el metro

túnel

el túnel

ponto de ônibus

la parada de autobús

bar

el bar

restaurante

el restaurante

caixa de correspondência

el buzón

placa de rua

el poste indicador

parquímetro

el parquímetro

zoológico

el zoo

piscina

la piscina

mesquita

la mezquita

fazenda
la granja

poluição
la contaminación

cemitério
el cementerio

igreja
la iglesia

parquinho
el patio de juego

templo
el templo

paisagem
el paisaje

folha
la hoja

placa de sinalização
la señal

caminho
el camino

gramado
el prado

pedra
la piedra

caminhantes
el excursionista

árvore
el árbol

rio
el río

grama
la hierba

flor
la flor

vale
el valle

montanha
la colina

lago
el lago

floresta
el bosque

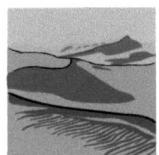

deserto
el desierto

vulcão
el volcán

castelo
el castillo

arco-íris
el arcoíris

cogumelo
el champiñón

palmeira
la palmera

mosquito
el mosquito

mosca
la mosca

formiga
la hormiga

abelha
la abeja

aranha
la araña

besouro

el escarabajo

sapo

la rana

esquilo

la ardilla

ouriço

el erizo

lebre

la liebre

coruja

la lechuza

pássaro

el pájaro

cisne

el cisne

javali

el jabalí

veado

el ciervo

alce

el alce

barragem

la presa

aerogerador

la turbina eólica

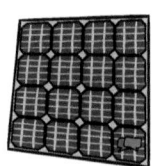

painel solar

el panel solar

clima

el clima

restaurante
el restaurante

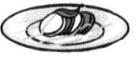

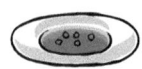

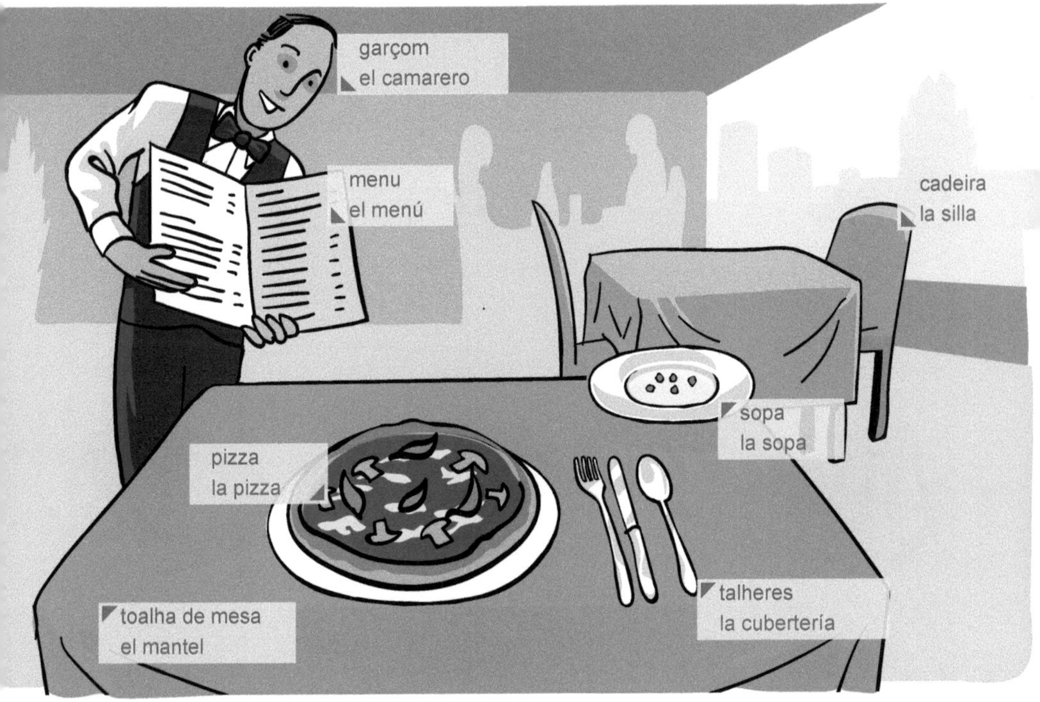
garçom
el camarero
menu
el menú
cadeira
la silla
sopa
la sopa
pizza
la pizza
talheres
la cubertería
toalha de mesa
el mantel

entrada

el primer plato

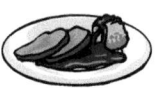

prato principal

el plato principal

sobremesa

el postre

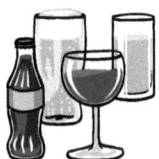

bebidas

las bebidas

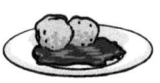

comida

la comida

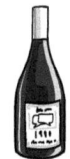

garrafa

la botella

fastfood
la comida rápida

comida de rua
la comida callejera

bule de chá
la tetera

açucareiro
el azucarero

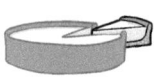

porção
la porción

máquina de expresso
la cafetera expreso

cadeirão
la trona

conta
la cuenta

bandeja
la bandeja

faca
el cuchillo

garfo
el tenedor

colher
la cuchara

colher de chá
la cucharilla

guardanapo
la servilleta

copo
el vaso

prato
....
el plato

prato de sopa
....
el plato hondo

pires
....
el platillo

molho
....
la salsa

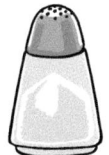

saleiro
....
el salero

moedor de pimenta
....
el molinillo de pimienta

vinagre
....
el vinagre

óleo
....
el aceite

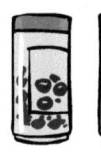

especiarias
....
las especias

ketchup
....
el ketchup

mostarda
....
la mostaza

maionese
....
la mayonesa

supermercado

el supermercado

oferta especial
la oferta especial
FOR
cliente
el cliente
laticínios
los lácteos
frutas
la fruta
carrinho de compras
el carro de compra

BUTCHERS

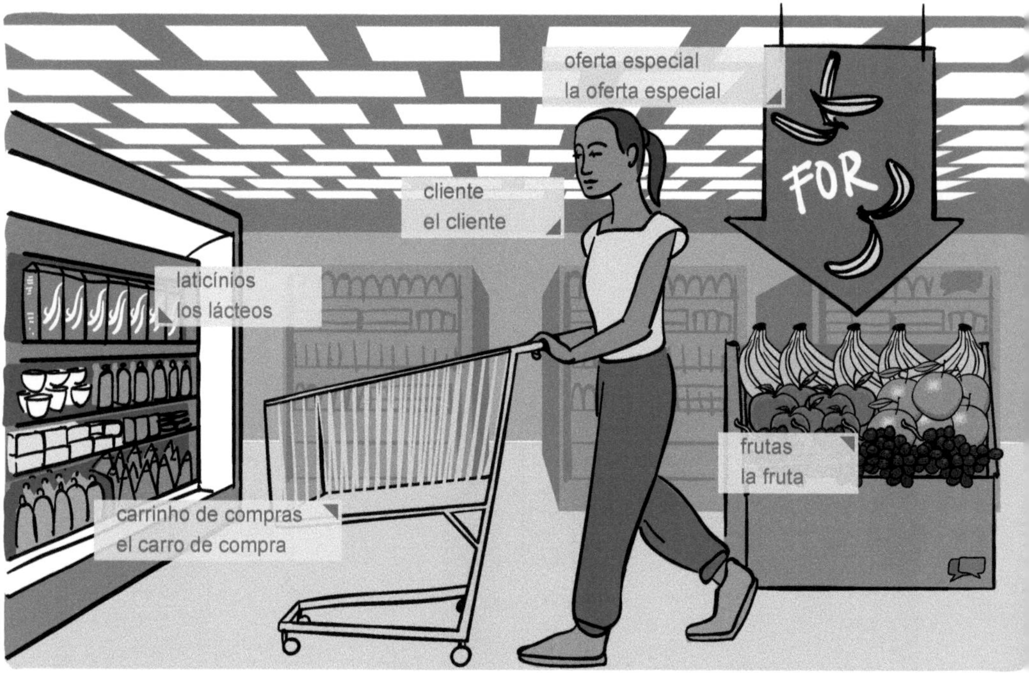

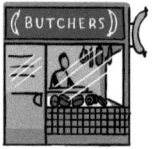

açougue

la carniceria

BAKERY

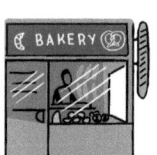

padaria

la panadería

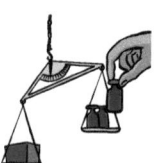

pesar

pesar

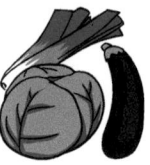

legumes

las verduras

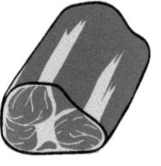

carne

la carne

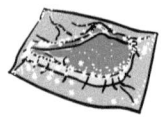

congelados

los alimentos congelados

charcutaria

los fiambres

conservas

las conservas

detergente em pó

el detergente en polvo

doces

los dulces

artigos domésticos

productos de uso doméstico

produtos de limpeza

productos de limpieza

vendedora

la vendedora

caixa

la caja de cartón

caixa

el cajero

lista de compras

la lista de la compra

horário de funcionamento

el horario de atención al público

carteira

la cartera

cartão de crédito

la tarjeta de crédito

sacola

la bolsa de plástico

saco plástico

la bolsa de plástico

las bebidas

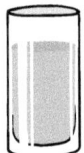

água
el agua

suco
el zumo

leite
la leche

coca-cola
la cola

vinho
el vino

cerveja
la cerveza

álcool
el alcohol

cacau
el cacao

chá
el té

café
el café

expresso
el expreso

cappuccino
el capuchino

banana
el plátano

maçã
la manzana

laranja
la naranja

melão
el melón

limão
el limón

cenoura
la zanahoria

alho
el ajo

bambu
el bambú

cebola
la cebolla

cogumelo
el champiñón

nozes
las avellanas

macarrão
los fideos

espaguete

las espagueti

arroz

el arroz

salada

la ensalada

batatas fritas

las patatas fritas

batatas frias

las patatas fritas

pizza

la pizza

hambúrger

la hamburguesa

sanduíche

el sándwich

escalope

el filete

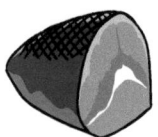

presunto

el jamón

salame

le salami

salsicha

la salchicha

galinha

el pollo

assado

el asado

peixe

el pescado

comida - la comida

flocos de aveia

los copos de avena

granola

el muesli

flocos de milho

los copos de maíz

farinha

la harina

croissant

el cruasán

pãozinho

el panecillo

pão

el pan

torrada

la tostada

biscoitos

las galletas

manteiga

la mantequilla

requeijão

la cuajada

bolo

el pastel

ovo

el huevo

ovo frito

el huevo frito

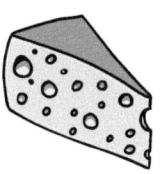

queijo

el queso

sorvete

el helado

açúcar

el azúcar

mel

la miel

geleia

la mermelada

creme de avelãs

la crema de turrón

curry

el curry

fazenda
la granja

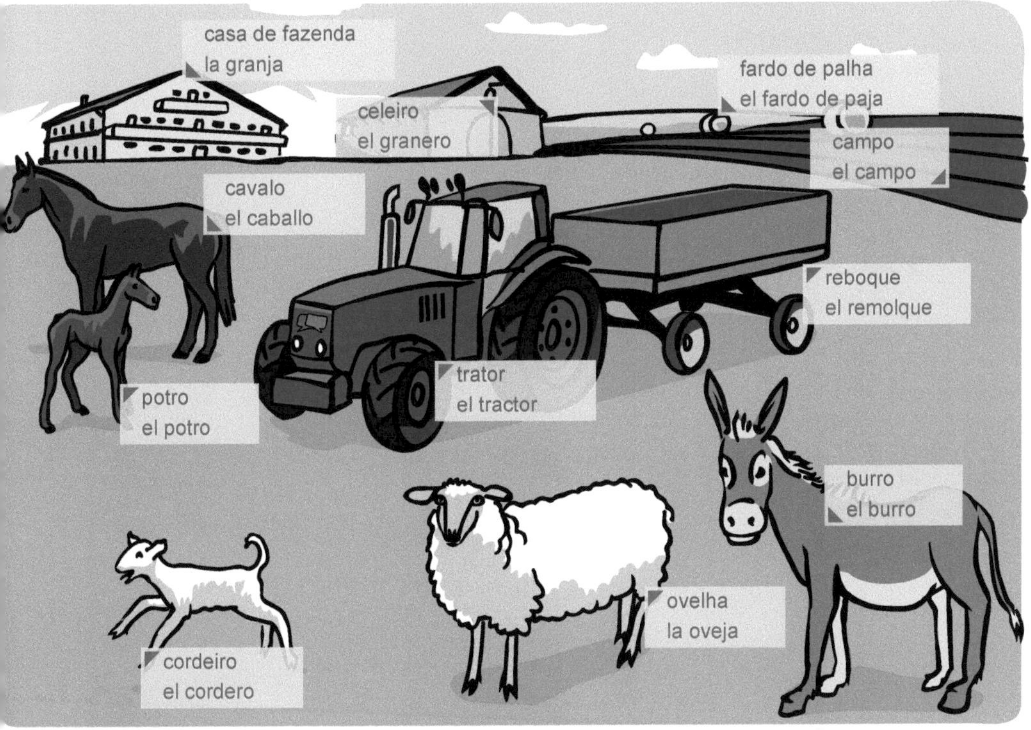

casa de fazenda
la granja
celeiro
el granero
fardo de palha
el fardo de paja
campo
el campo
cavalo
el caballo
reboque
el remolque
trator
el tractor
potro
el potro
burro
el burro
ovelha
la oveja
cordeiro
el cordero

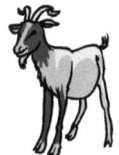

cabra
la cabra

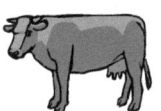

vaca
la vaca

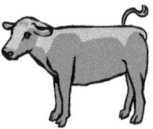

bezerro
el ternero

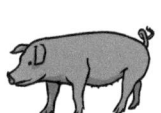

porco
el cerdo

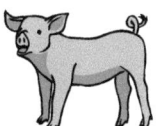

leitão
el cerdito

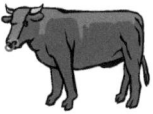

touro
el toro

ganso

el ganso

pato

el pato

pintinho

el pollo

galinha

la gallina

galo

el gallo

ratazana

la rata

gato

el gato

camundongo

el ratón

boi

el buey

cachorro

el perro

casinha do cachorro

la perrera

mangueira de jardim

la manguera

regador

la regadera

foice

la guadaña

arado

el arado

foice

la hoz

enxada

la azada

forquilha

la horca

machado

el hacha

carrinho de mão

la carretilla

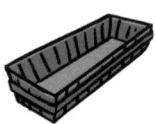

manjedoura

el abrevadero

jarra de leite

la lechera

saco

el saco

cerca

la valla

estábulo

el establo

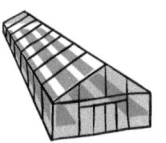

estufa

el invernadero

solo

el suelo

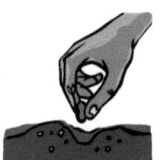

semente

la semilla

fertilizante

el fertilizador

colheitadeira

la cosechadora

colher
cosechar

colheita
la cosecha

inhame
el ñame

trigo
el trigo

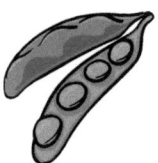

soja
el soja

batata
la patata

milho
el maíz

colza
la semilla de colza

árvore frutífera
el árbol frutal

mandioca
la mandioca

cereais
las cereales

casa
la casa

chaminé
la chimenea
telhado
el tejado
calhas de chuva
el canalón
janela
la ventana
garagem
el garaje
campainha da porta
el timbre
porta
la puerta
lata de lixo
el cubo de basura
caixa de correspondência
el buzón
jardim
el jardín

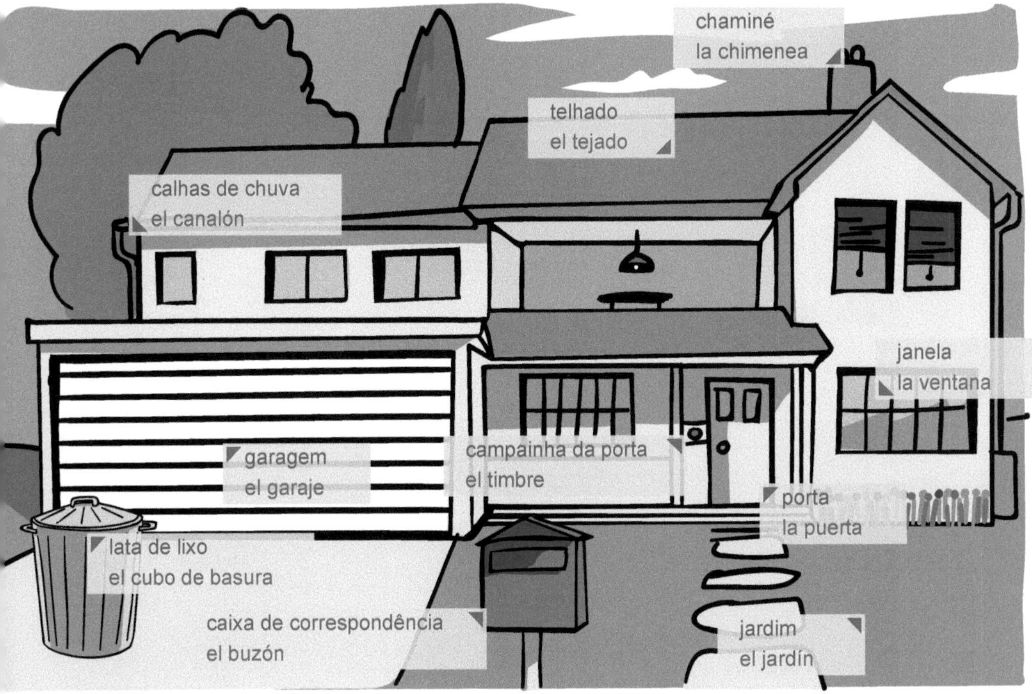

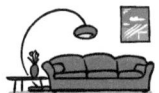

sala de estar

la sala

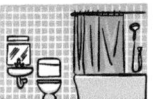

banheiro

el cuarto de baño

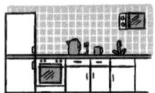

cozinha

la cocina

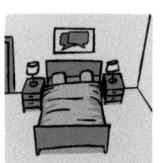

quarto de dormir

el dormitorio

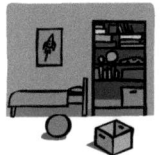

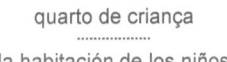

quarto de criança

la habitación de los niños

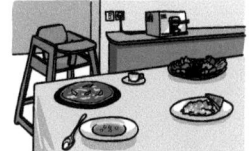

sala de jantar

el comedor

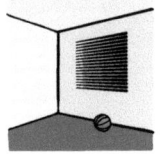

chão
el suelo

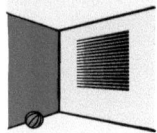

parede
la pared

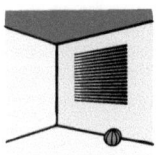

teto
el techo

porão
el sótano

sauna
la sauna

varanda
el balcón

terraço
la terraza

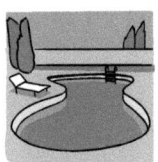

piscina
la piscina

cortador de grama
el cortacésped

lençol
la sábana

coberta
la colcha

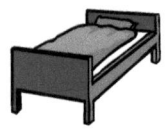

cama
la cama

vassoura
la escoba

balde
el balde

interruptor
el interruptor

sala de estar
la sala

papel de parede
el papel pintado
quadro
la imagen
lâmpada
la lámpara
prateleira
el estante
armário
el armario
televisão
la televisión
lareira
la chimenea
flor
la flor
travesseiro
el cojín
sofá
el sofá
vaso
el jarrón
controle remoto
el mando a distancia

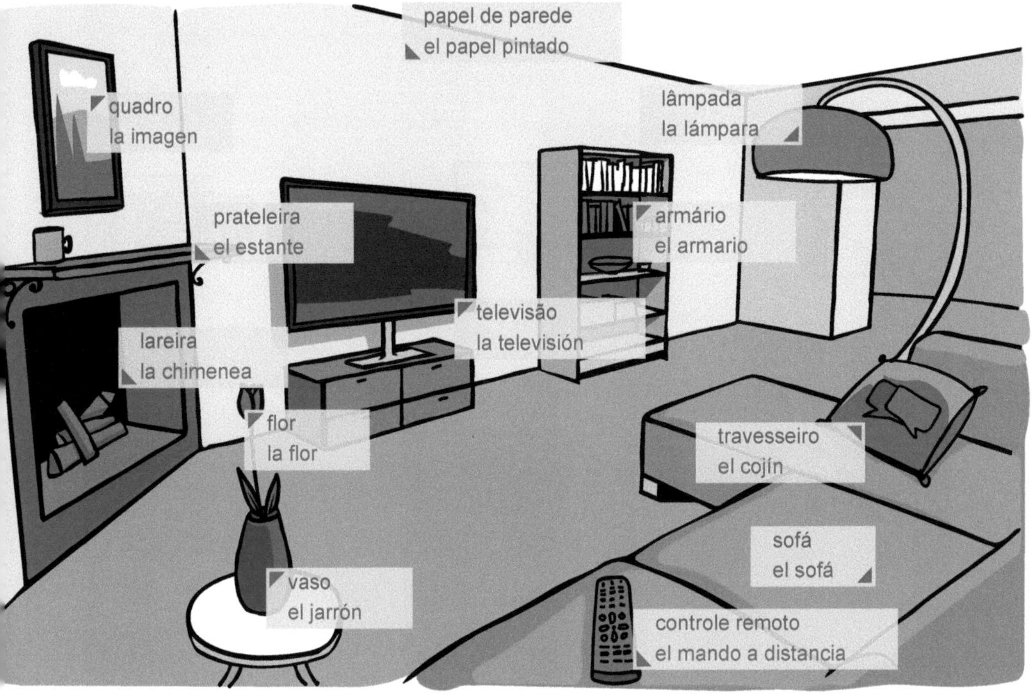

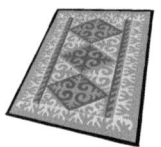

tapete

la alfombra

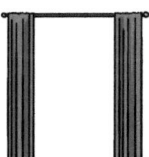

cortina

la cortina

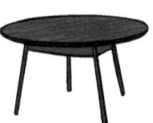

mesa

la mesa

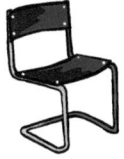

cadeira

la silla

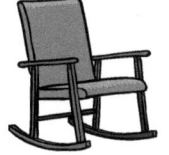

cadeira de balanço

el mecedora

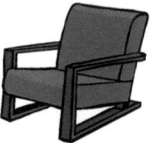

poltrona

la butaca

livro

el libro

cobertor

la manta

decoração

la decoración

lenha

la leña

filme

la película

equipamento de som

el equipo de música

chave

la llave

jornal

el periódico

pintura

la pintura

pôster

el póster

rádio

la radio

bloco de notas

el cuaderno

aspirador

la aspiradora

cacto

el cactus

vela

la vela

cozinha

la cocina

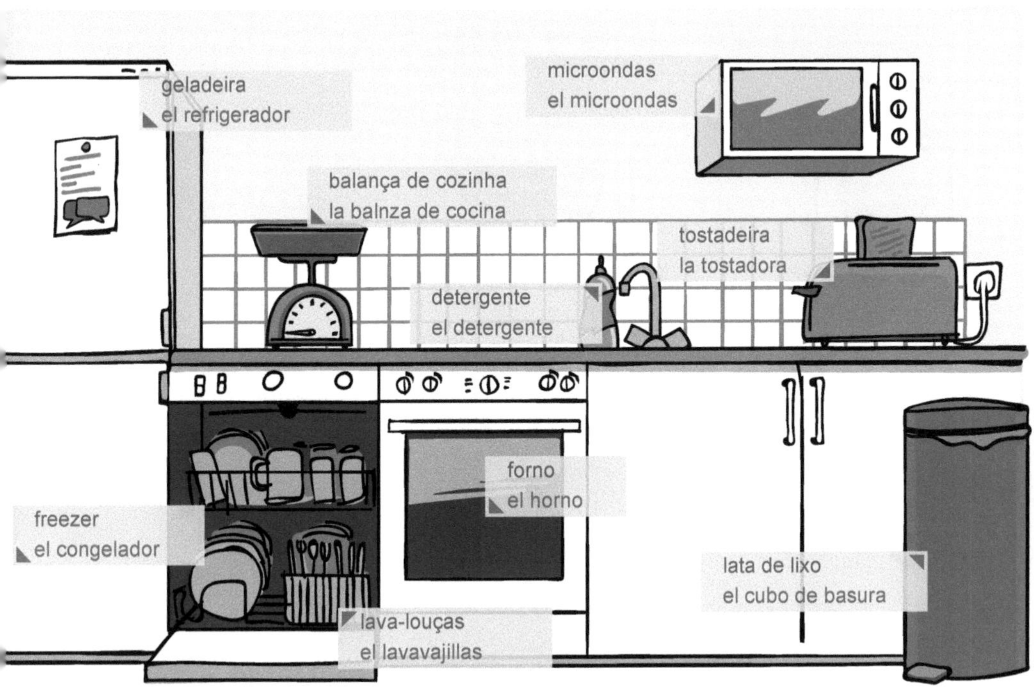

geladeira
el refrigerador
microondas
el microondas
balança de cozinha
la balnza de cocina
tostadeira
la tostadora
detergente
el detergente
forno
el horno
freezer
el congelador
lata de lixo
el cubo de basura
lava-louças
el lavavajillas

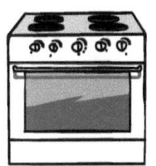

fogão

la olla a presión

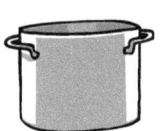

panela

la olla

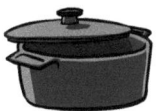

panela de ferro

la olla de hierro fundido

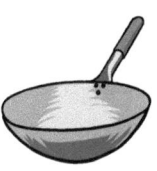

wok / kadai

el wok

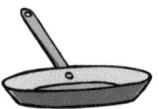

frigideira

la cazuela

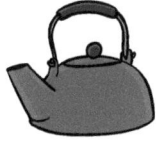

chaleira

el hervidor

panela a vapor

la vaporera

tabuleiro de forno

la chapa de horno

louça

la vajilla

caneca

la taza

caçarola

el tazón

hashi

los palillos

concha de sopa

el cucharón

espátula

la espumadera

batedor

el batidor

escorredor

el colador

peneira

el cedazo

ralador

el rallador

almofariz

el mortero

churrasqueira

la barbacoa

lareira

la hoguera

tábua de cortar
....
la tabla de picar

rolo da massa
....
el rodillo

saca-rolhas
....
el sacacorchos

lata
....
la lata

abridor de latas
....
el abrelatas

pegador de panela
....
el agarrador

pia
....
el lavabo

escova
....
el cepillo

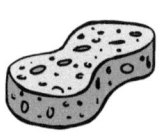

esponja
....
la esponja

liquidificador
....
la batidora

congelador
....
el congelador

mamadeira
....
el biberón

torneira
....
el grifo

cozinha - la cocina

el cuarto de baño

aquecimento
la calefacción

ducha
la ducha

toalha
la toalla

cortina de chuveiro
la cortina de la ducha

banho de espuma
el baño de espuma

banheira
la bañera

copo
el vaso

lava-roupa
la lavadora

azulejos
las baldosas

torneira
el grifo

penico
el orinal

pia
el lavabo

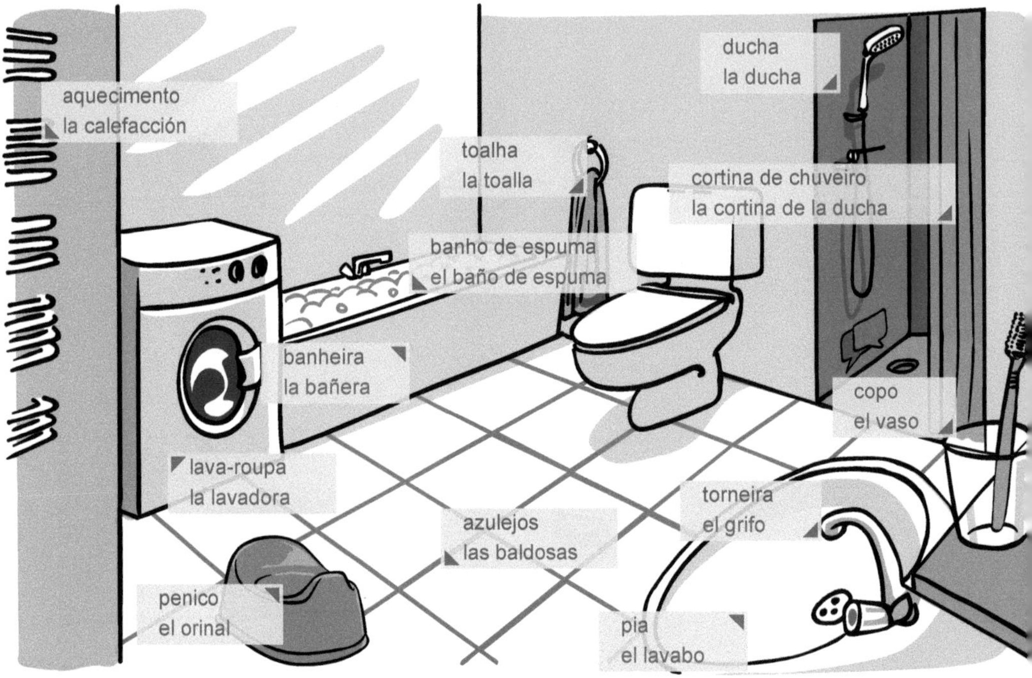

vaso sanitário
el inodoro

lavabo de agachar
el inodoro rústico

bidê
el bidé

mictório
el urinario

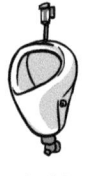

papel higiênico
el papel higiénico

escova de privada
la escobilla del váter

escova de dentes

el cepillo de dientes

pasta de dentes

la pasta de dientes

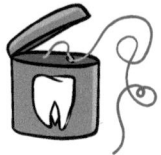

fio dental

el hilo dental

lavar

lavar

ducha de mão

la ducha de mano

ducha íntima

la ducha íntima

bacia

la pila

escova para as costas

el cepillo de espalda

sabonete

el jabón

gel de banho

el gel de ducha

xampu

el champú

toalha de rosto

la toallita

escoamento

el desagüe

creme

la crema

desodorante

el desodorante

espelho

el espejo

espelho de mão

el espejo de tocador

barbeador

la maquinilla de afeitar

espuma de barbear

la espuma de afeitar

loção pós-barba

la loción postafeitado

pente

el peine

escova

el cepillo

secador de cabelo

el secador

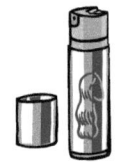

spray de cabelo

la laca

maquiagem

el maquillaje

batom

el pintalabios

esmalte de unhas

el pintauñas

algodão

el algodón

tesoura para unhas

el cortauñas

perfume

el perfume

nécessaire

el estuche de viaje

banquinho

la banqueta

balança

la balanza

roupão de banho

el albornoz

luvas de borracha

los guantes de goma

absorvente interno

el tampón

absorvente íntimo

la compresa

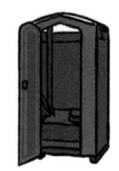

banheiro químico

el inodoro químico

quarto de criança
la habitación de los niños

despertador
el despertador
boneco de pelúcia
el peluche
carrinho de brinquedo
el coche de juguete
chacoalho
el sonajero
casa de bonecas
la casa de muñecas
presente
el regalo

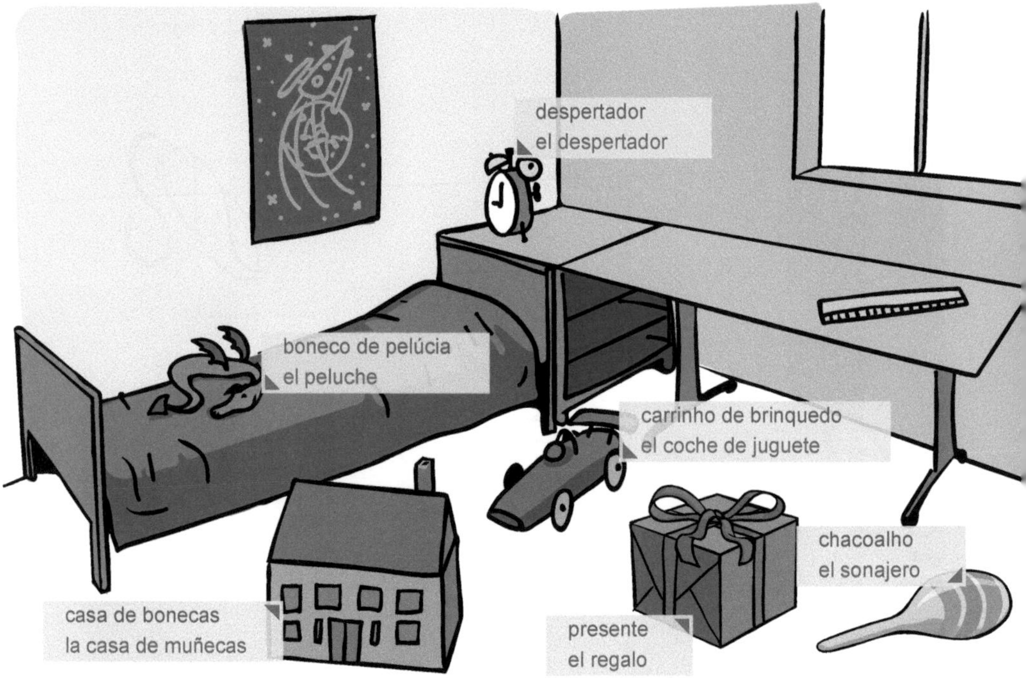

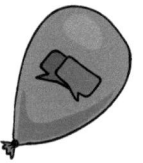

balão
el globo

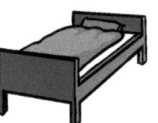

cama
la cama

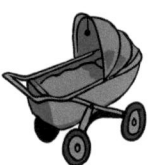

carrinho de bebê
el coche de niño

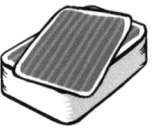

jogo de cartas
los naipes

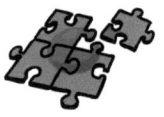

quebra-cabeças
el puzle

SUPER
MEGA

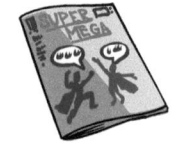

revista de quadrinhos
el tebeo

peças de Lego
las piezas de lego

blocos de construção
los bloques de juguete

figura de ação
la figura de acción

macaquinho de bebê
el bodi (de bebé)

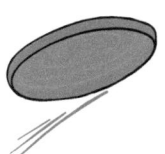

frisbee
el frisbee

móbile para bebé
el colgador móvil para bebés

jogo de tabuleiro
el juego de mesa

dados
los dados

trenzinho elétrico
el circuito de tren eléctrico

chupeta
el maniquí

festa
la fiesta

livro ilustrado
el álbum de fotos

bola
la pelota

boneca
la muñeca

brincar
jugar

caixa de areia
el cajón de arena

balanço
el columpio

brinquedos
los juguetes

videogame
la videoconsola

triciclo
el triciclo

ursinho de pelúcia
el oso de peluche

guarda-roupa
la guardarropa

vestuário
la ropa

meias
los calcetines

meias pelo joelho
las medias

meias-calças
los leotardos

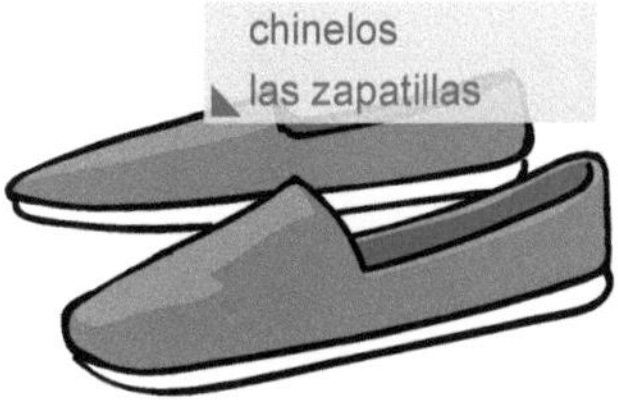

cachecol
la bufanda

guarda-chuva
el paraguas

camiseta
la camiseta

cinto
el cinturón

tênis
las deportivas

botas
las botas

chinelos
las zapatillas

sandálias
....
las sandalias

sapatos
....
los zapatos

botas de borracha
....
las botas de goma

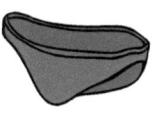

roupa de baixo
....
el slip

sutiã
....
el sostén

camiseta de baixo
....
el chaleco

body
....
el bodi

calças
....
los pantalones cortos

jeans
....
los vaqueros

saia
....
la falda

blusa
....
la blusa

camisa
....
la camisa

pulôver
....
el jersey

suéter com capuz
....
el suéter

blazer
....
el blazer

jaqueta
....
la chaqueta

casaco
....
el abrigo

gabardine
....
la gabardina

traje
....
el traje

vestido
....
el vestido

vestido de casamento
....
el vestido de novia

terno
....
el traje

camisola
....
el camisón

pijama
....
el pijama

sari
....
el sati

lenço de cabeça
....
el bandana

turbante
....
el turbante

burca
....
la burka

cafetã
....
el caftán

abaya
....
la abaya

maiô
....
el traje de baño

sunga
....
el bañador

shorts
....
los pantalones cortos

roupa de treino
....
el chándal

avental
....
el delantal

luvas
....
los guantes

botão

el botón

óculos

las gafas

pulseira

el brazalete

colar

el collar

anel

el anillo

brinco

el pendiente

boné

la gorra

cabide

la percha

chapéu

el sombrero

gravata

la corbata

zíper

la cremallera

capacete

el casco

suspensórios

los tirantes

uniforme escolar

el uniforme

uniforme

el uniforme

babador
....
el babero

chupeta
....
el maniquí

fralda
....
el pañal

escritório
la oficina

servidor
el servidor

armário de arquivos
el archivo

impressora
la impresora

monitor
el monitor

papel
el papel

mouse
el ratón

escrivaninha
el escritoria

pasta
la carpeta

teclado
el teclado

cesto de lixo
la papelera

computador
el ordenador

cadeira
la silla

xícara de café
....
la taza de café

calculadora
....
la calculadora

internet
....
el internet

laptop

el portátil

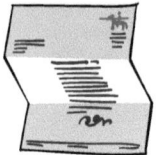

carta

la carta

mensagem

el mensaje

celular

el móvil

rede

la red

copiadora

la fotocopiadora

software

el software

telefone

el teléfono

tomada

la toma de corriente

fax

el fax

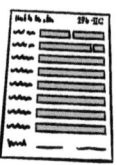

formulário

el formulario

documento

el documento

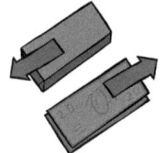

comprar

comprar

pagar

pagar

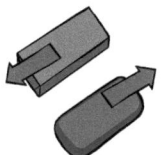

negociar

comerciar

dinheiro

el dinero

Dólar

el dólar

Euro

el euro

Yen

el yen

rublo

el rublo

franco suíço

el franco suizo

renminbi yuan

el renminbi yuan

rupia

la rupia

caixa eletrônico

el cajero automático

casa de câmbio
....
la oficina de cambio de
divisas

ouro
....
el oro

prata
....
la plata

petróleo
....
el petróleo

energia
....
la energía

preço
....
el precio

contrato
....
el contrato

imposto
....
el impuesto

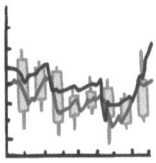

ação
....
la acción

trabalhar
....
trabajar

empregado
....
el empleador

empregador
....
el empleador

fábrica
....
la fábrica

loja
....
la tienda de campaña

profissões
los oficios

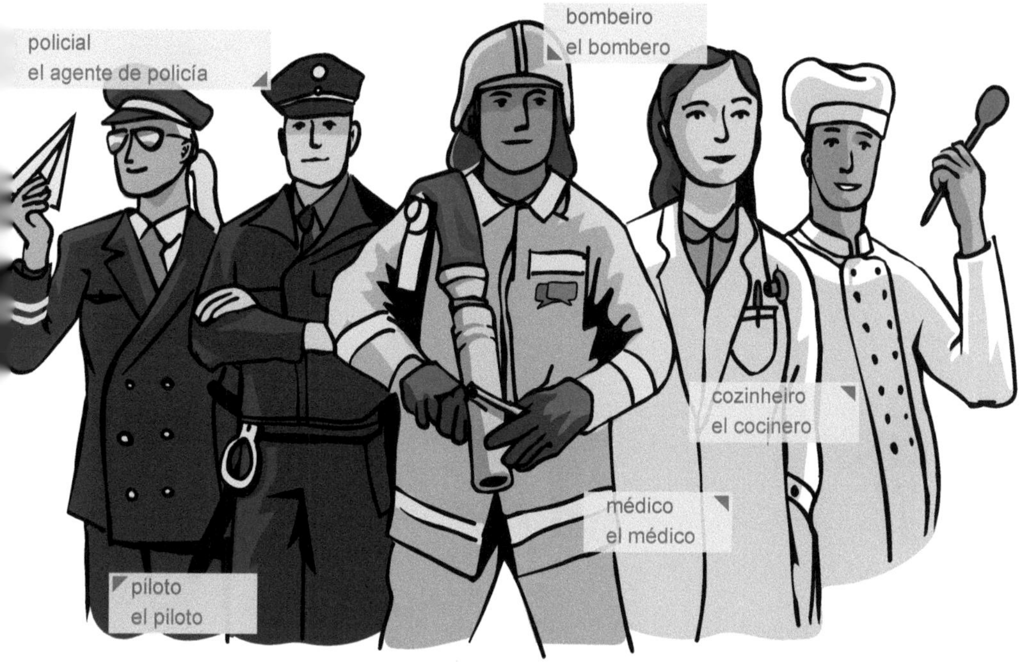

policial
el agente de policía
bombeiro
el bombero
cozinheiro
el cocinero
médico
el médico
piloto
el piloto

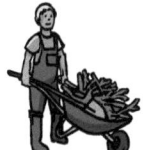

jardineiro
el jardinero

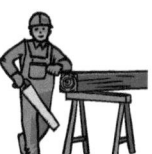

marceneiro
el carpintero

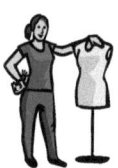

costureira
la costurera

juiz
el juez

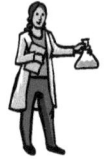

químico
el farmacéutico

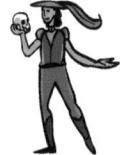

ator
el actor

motorista de ônibus

el conductor de autobús

motorista de táxi

el taxista

pescador

el pescador

faxineira

la señora de la limpieza

telhador

el techador

garçom

el camarero

caçador

el cazador

pintor

el pintor

padeiro

el panadero

eletricista

el electricista

construtor

el obrero

engenheiro

el ingeniero

açougueiro

el carnicero

encanador

el fontanero

carteiro

el cartero

soldado

el soldado

arquiteto

el arquitecto

caixa

el cajero

florista

el florista

cabelereiro

el peluquero

condutor

el revisor

mecânico

el mecánico

capitão

el capitán

dentista

el dentista

cientista

el científico

rabino

el rabino

imam

el imán

monge

el monje

pastor

el sacerdote

ferramentas
las herramientas

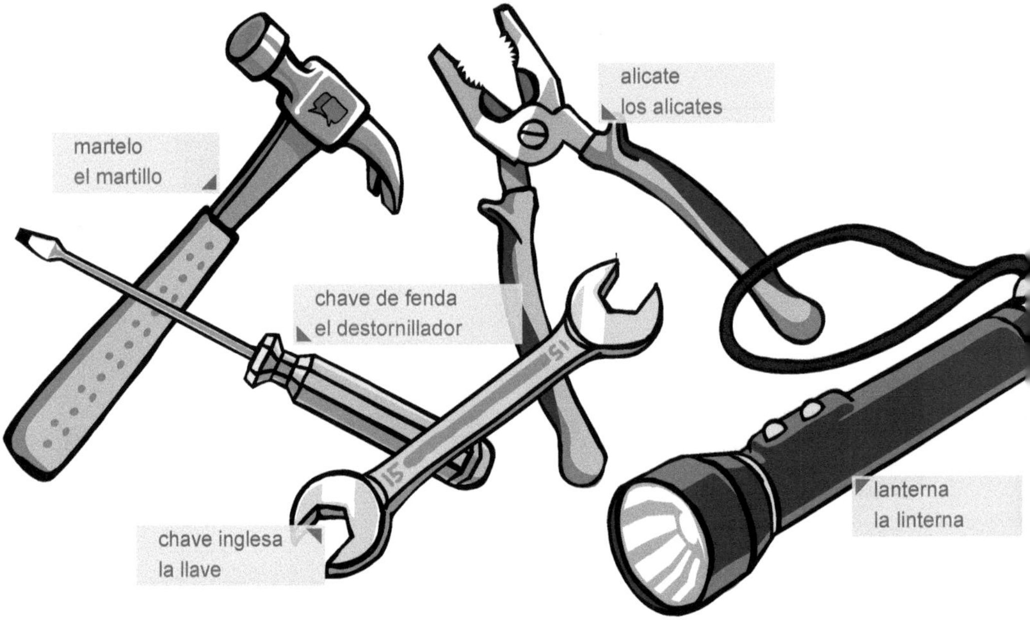
martelo
el martillo
alicate
los alicates
chave de fenda
el destornillador
chave inglesa
la llave
lanterna
la linterna

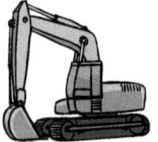

escavadora

la excavadora

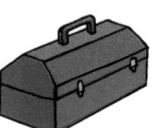

caixa de ferramentas

la caja de herramientas

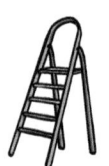

escada de mão

la escalera de mano

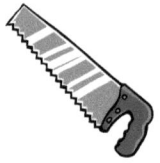

serra

la sierra

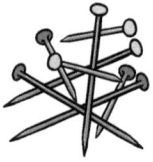

pregos

los clavos

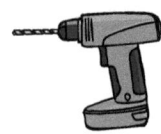

furadeira

el taladro

consertar
....
reparar

pá
....
la pala

Droga!
....
¡Maldita sea!

pá de lixo
....
el recogedor

pote de tinta
....
el bote de pintura

parafusos
....
los tornillos

instrumentos musicais
los instrumentos musicales

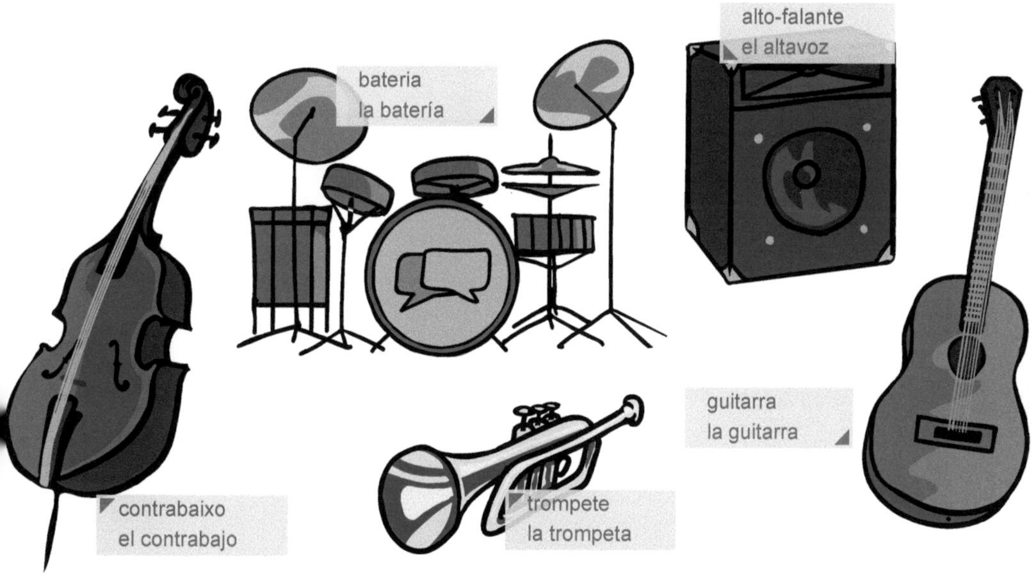

bateria
la batería

alto-falante
el altavoz

contrabaixo
el contrabajo

trompete
la trompeta

guitarra
la guitarra

piano

el piano

violino

el violín

baixo

bajo

timbales

los timbales

tambor

el tambor

teclado

el teclado

saxofone

el saxofón

flauta

la flauta

microfone

el micrófono

zoológico
el zoo

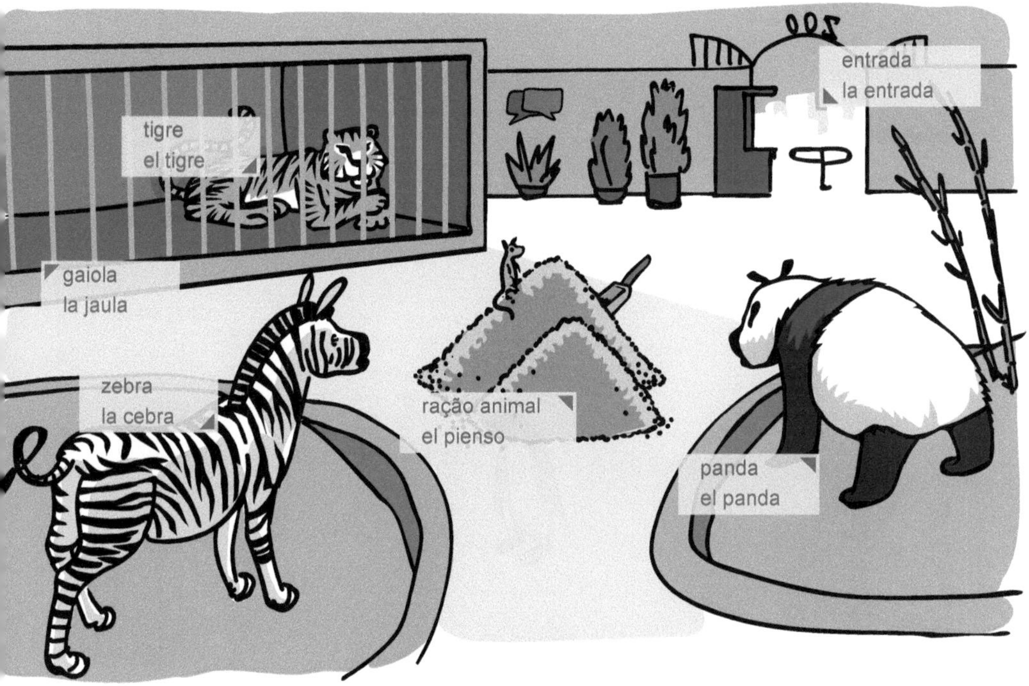
entrada
la entrada
tigre
el tigre
gaiola
la jaula
zebra
la cebra
ração animal
el pienso
panda
el panda

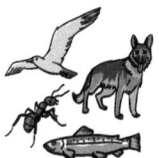

animais

los animales

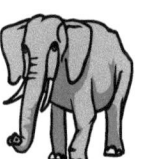

elefante

el elefante

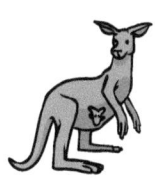

canguru

el canguro

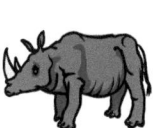

rinoceronte

el rinoceronte

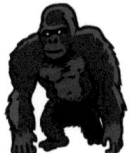

gorila

el gorila

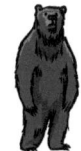

urso

el oso

camelo

el camello

avestruz

el avestruz

leão

el león

macaco

el mono

flamingo

el flamingo

papagaio

el loro

urso polar

el oso polar

pinguim

el pingüino

tubarão

el tiburón

pavão

el pavo real

cobra

la serpiente

crocodilo

el cocodrilo

guarda do zoológico

el guardián de zoológico

foca

la foca

jaguar

el jaguar

pônei

el poni

leopardo

el leopardo

hipopótamo

el hipopótamo

girafa

la jirafa

águia

el águila

javali

el jabalí

peixe

el pescado

tartaruga

la tortuga

morsa

la morsa

raposa

el zorro

gazela

la gacela

futebol americano
el fútbol americano

ciclismo
el ciclismo

tênis
el tenis

basquete
el baloncesto

natação
la natación

boxe
el boxeo

hóquei no gelo
el hockey sobre hielo

futebol
el fútbol

badminton
el bádminton

atletismo
el atletismo

handebol
el balonmano

esqui
el esquí

polo
el polo

atividades
las actividades

rir
reír
pular
saltar
abraçar
abrazar
andar
caminar
cantar
cantar
sonhar
soñar
rezar
rezar
beijar
besar

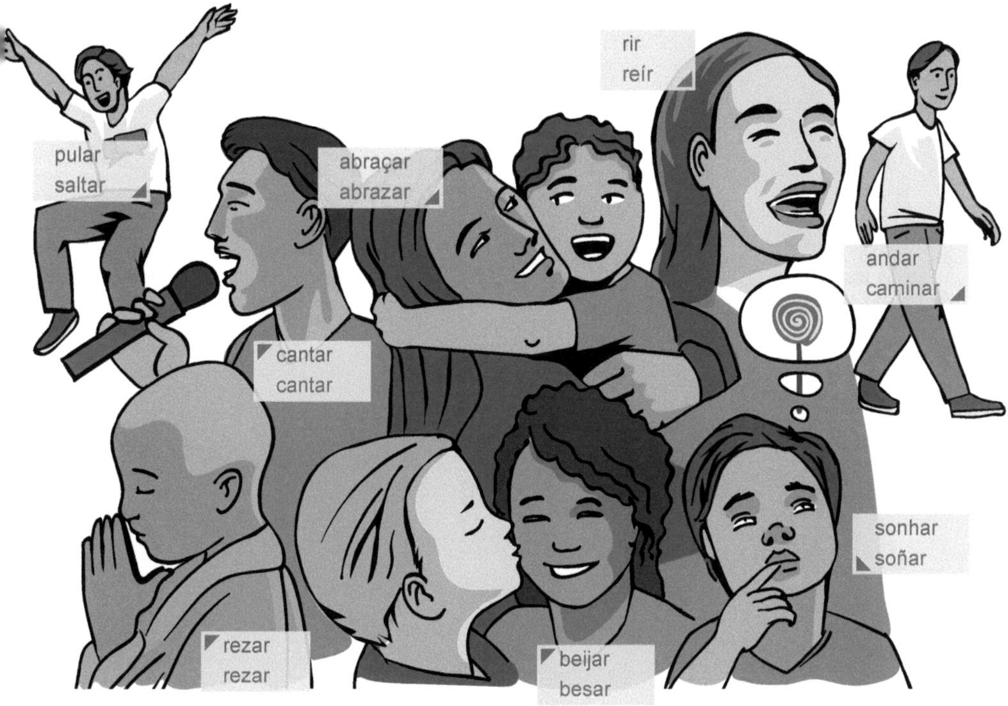

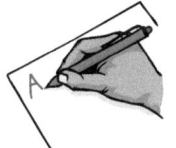

escrever

escribir

desenhar

dibujar

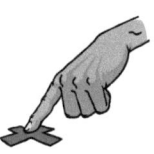

mostrar

mostrar

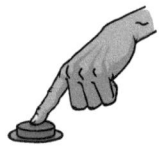

empurrar

empujar

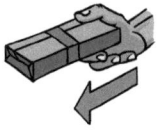

dar

dar

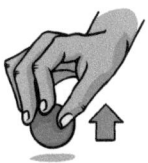

tomar

tomar

ter
....
tener

fazer
....
hacer

ser
....
ser

ficar de pé
....
estar de pie

correr
....
correr

puxar
....
tirar

jogar
....
tirar

cair
....
caer

deitar
....
yacer

esperar
....
esperar

carregar
....
llevar

sentar
....
estar sentado

vestir
....
vestirse

dormir
....
dormir

despertar
....
despertar

olhar para
....
mirar

chorar
....
llorar

acariciar
....
acariciar

pentear
....
peinar

falar
....
hablar

entender
....
entender

perguntar
....
preguntar

ouvir
....
escuchar

beber
....
beber

comer
....
comer

arrumar
....
ordenar

amar
....
amar

cozinhar
....
cocinar

dirigir
....
conducir

voar
....
volar

velejar

navegar

calcular

calcular

ler

leer

aprender

aprender

trabalhar

trabajar

casar

casarse

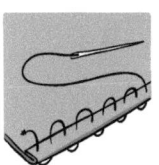

costurar

coser

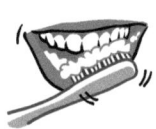

escovar os dentes

cepillarse los dientes

matar

matar

fumar

fumar

enviar

enviar

avó
la abuela

avô
el abuelo

pai
el padre

mãe
la madre

bebê
el bebé

filha
la hija

filho
el hijo

convidado
el invitado

tia
la tía

tio
el tío

irmão
el hermano

irmã
la hermana

corpo

el cuerpo

testa
la frente
olho
el ojo
ombro
el hombro
dedo
el dedo
rosto
la cara
queixo
la barbilla
mão
la mano
perna
la pierna
peito
el pecho
braço
el brazo

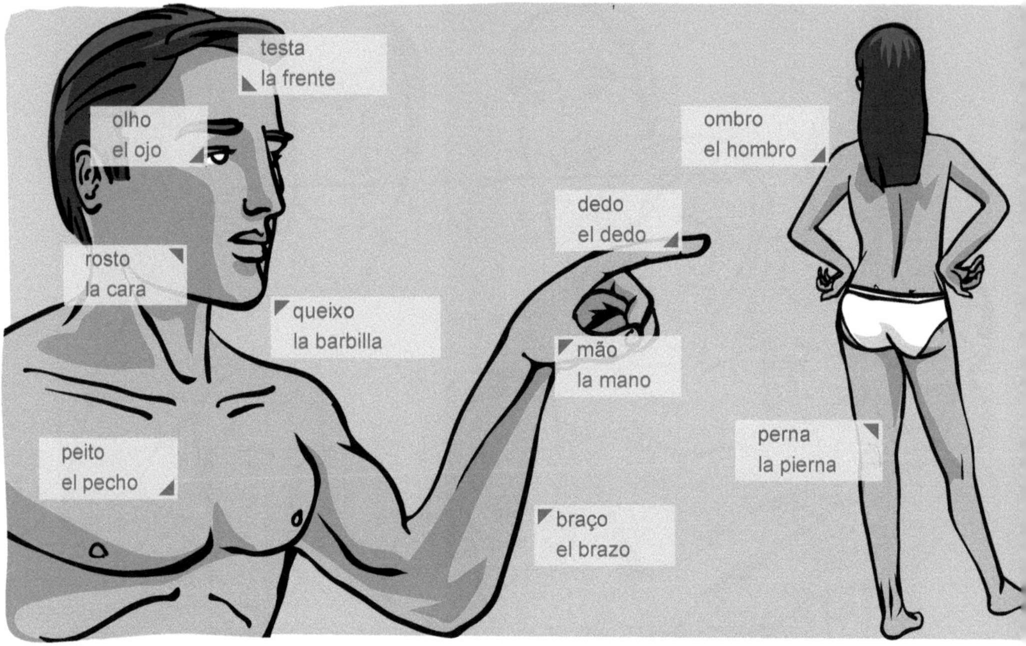

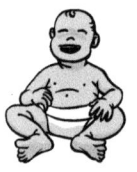

bebê

el bebé

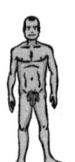

homem

el hombre

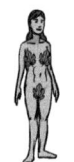

mulher

la mujer

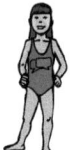

menina

la chica

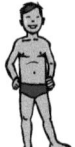

menino

el chico

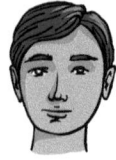

cabeça

la cabeza

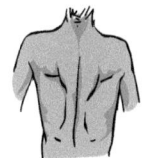

costas
....
la espalda

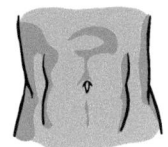

barriga
....
el vientre

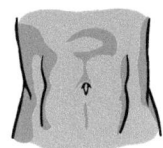

umbigo
....
el ombligo

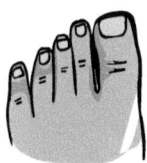

dedo do pé
....
el dedo del pie

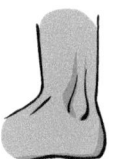

calcanhar
....
el talón

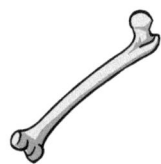

osso
....
el hueso

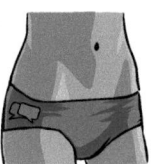

anca
....
la cadera

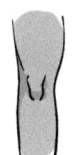

joelho
....
la rodilla

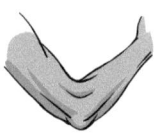

cotovelo
....
el codo

nariz
....
la nariz

nádegas
....
el trasero

pele
....
la piel

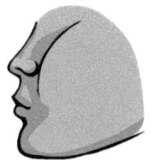

bochecha
....
la mejilla

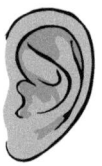

orelha
....
el oído

lábio
....
el labio

boca

la boca

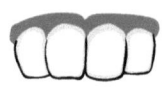

dente

el diente

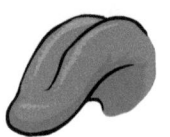

língua

la lengua

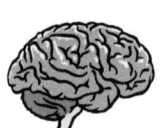

cérebro

el cerebro

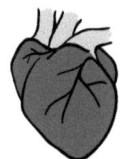

coração

el corazón

músculo

el músculo

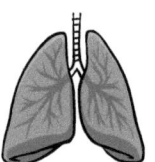

pulmão

el pulmón

fígado

el hígado

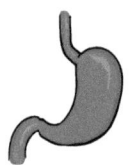

estômago

el estómago

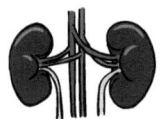

rins

los riñones

relações sexuais

el sexo

preservativo

el condón

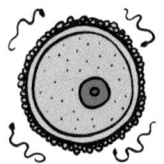

óvulo

el ovario

esperma

el semen

gravidez

el embarazo

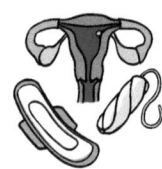

menstruação

la menstruación

vagina

la vagina

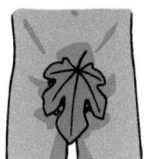

pênis

el pene

sobrancelha

la ceja

cabelo

el pelo

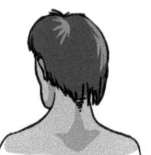

pescoço

el cuello

hospital
el hospital

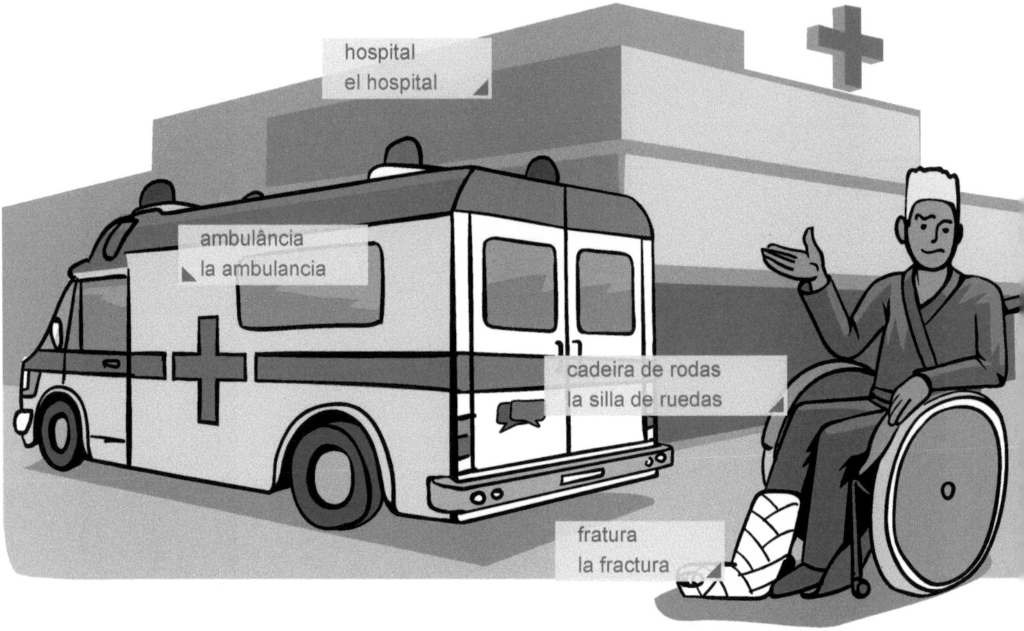

hospital
el hospital
ambulância
la ambulancia
cadeira de rodas
la silla de ruedas
fratura
la fractura

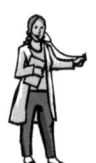

médico

el médico

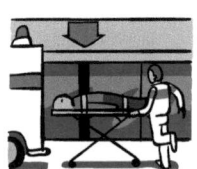

pronto-socorro

la sala de urgencias

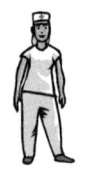

enfermeira

la enfermera

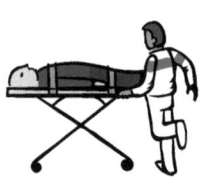

emergência

la urgencia

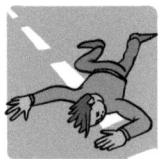

inconsciente

inconsciente

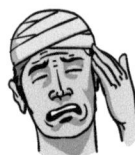

dor

el dolor

ferimento

la lesión

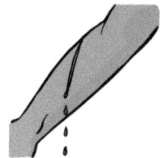

hemorragia

la hemorragia

ataque cardíaco

el infarto

acidente vacular cerebral

el ictus

alergia

la alergia

tosse

la tos

febre

la fiebre

gripe

la gripe

diarreia

la diarrea

dor de cabeça

el dolor de cabeza

câncer

el cáncer

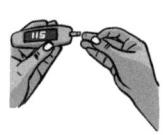

diabetes

la diabetes

cirurgião

el cirujano

bisturi

el bisturí

operação

la operación

CT
TAC

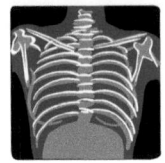

raio x
los rayos x

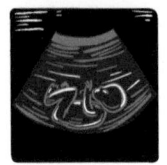

ultrassom
el ultrasonido

máscara
la mascarilla

doença
la enfermedad

sala de espera
la sala de espera

muleta
la muleta

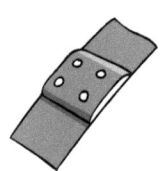

bandeide
la tirita

ligadura
la venda

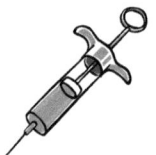

injeção
la inyección

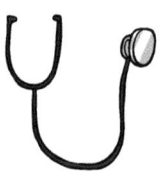

estetoscópio
el estetoscopio

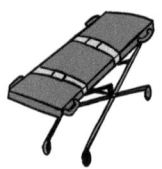

maca
la camilla

termômetro
el termómetro

nascimento
el nacimiento

excesso de peso
el sobrepeso

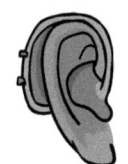

aparelho auditivo

el audífono

desinfetante

el desinfectante

infecção

la infección

vírus

el virus

HIV / AIDS

VIH / SIDA

medicamento

la medicina

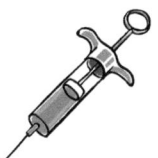

vacinação

la vacunación

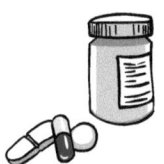

comprimidos

las tabletas

pílula

la pastilla

chamada de emergência

la llamada de urgencia

dispositivo de medição de
pressão arterial

el tensiómetro

doente / saudável

enfermo / sano

Socorro!

¡Socorro!

alarme

la alarma

assalto

el asalto

ataque

el ataque

perigo

el peligro

saída de emergência

la salida de emergencia

Fogo!

¡Fuego!

extintor de incêndios

el extintor de incendios

acidente

el accidente

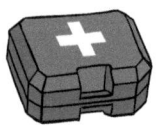

maleta de primeiros socorros

el botiquín de primeros auxilios

SOS

SOS

polícia

la policía

Europa

Europa

América do Norte

Norteamérica

América do Sul

Sudamérica

África

África

Ásia

Asia

Austrália

Australia

Atlântico

el atlántico

Pacífico

el Pacífico

Oceano Índico

el Océano Índico

Oceano Antártico

el Océano Antártico

Oceano Ártico

el Océano Ártico

Polo Norte

el polo norte

Polo Sul

el polo sur

Antártica

La Antártida

Terra

la tierra

terra

la tierra

mar

el mar

ilha

la isla

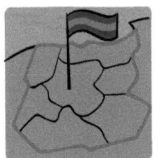

nação

la nación

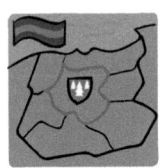

estado

el estado

mostrador do relógio
la esfera

ponteiro das horas
la manecilla de las horas

ponteiro dos minutos
el minutero

ponteiro dos segundos
el segundero

Que horas são?
¿Qué hora es?

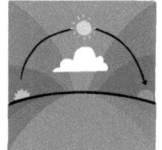

dia
el día

tempo
el tiempo

agora
ahora

relógio digital
el reloj digital

minuto
el minuto

hora
la hora

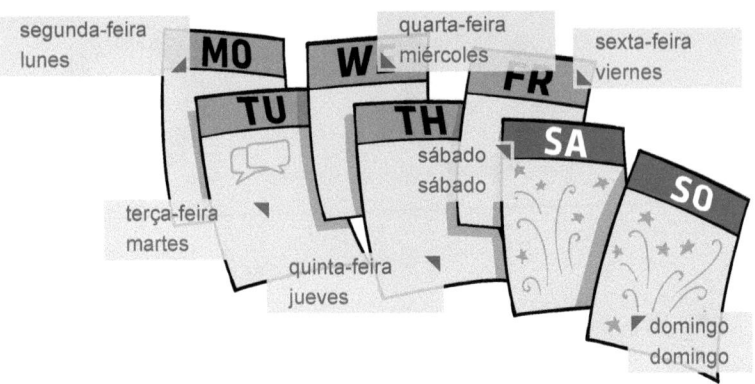

segunda-feira
lunes

quarta-feira
miércoles

sexta-feira
viernes

terça-feira
martes

quinta-feira
jueves

sábado
sábado

domingo
domingo

ontem
....
ayer

hoje
....
hoy

amanhã
....
mañana

manhã
....
la mañana

meio-dia
....
el mediodía

entardecer
....
la tarde

MO	TU	WE	TH	FR	SA	SU
1	2	3	4	5	6	7
8	9	10	11	12	13	14
15	16	17	18	19	20	21
22	23	24	25	26	27	28
29	30	31	1	2	3	4

dias úteis
....
los días laborables

MO	TU	WE	TH	FR	SA	SU
1	2	3	4	5	6	7
8	9	10	11	12	13	14
15	16	17	18	19	20	21
22	23	24	25	26	27	28
29	30	31	1	2	3	4

fim de semana
....
el fin de semana

ano
el año

chuva
la lluvia
arco-íris
el arcoíris
neve
la nieve
vento
el viento
primavera
la primavera
outono
el otoño
verão
el verano
inverno
el invierno

4.APRIL 11°
5.APRIL 4°
6.APRIL 13°
7.APRIL 8°
8.APRIL 10°

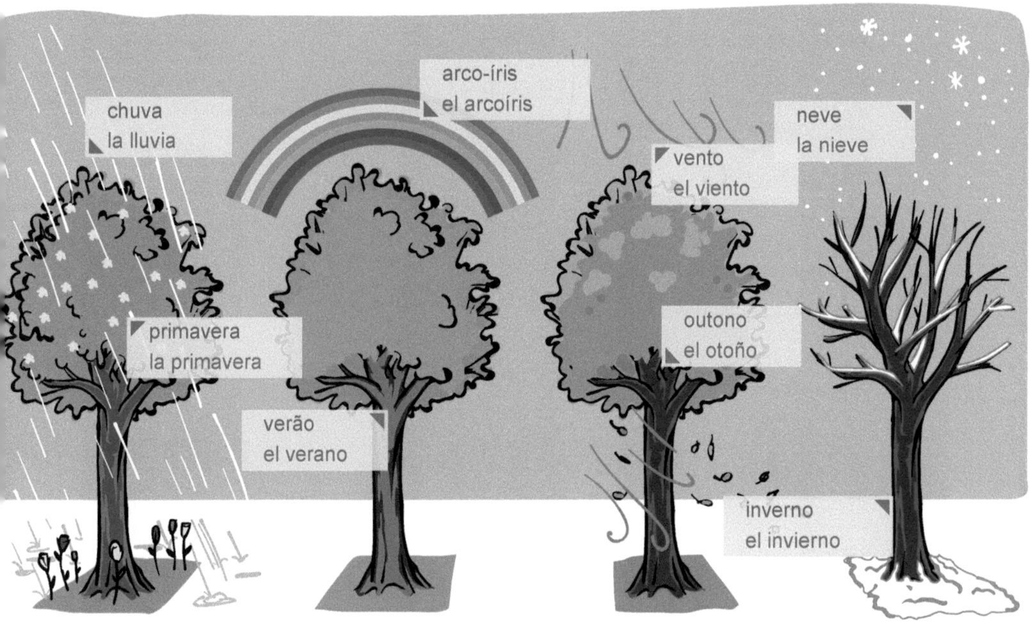

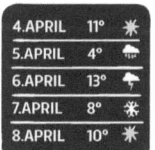

previsão do tempo

el pronóstico del tiempo

F C
120 40
90 30
60 20
30 10
0 0
-30 -10
-20

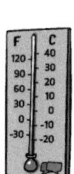

termômetro

el termómetro

raio de sol

el sol

nuvem

la nube

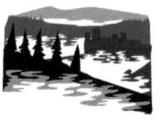

neblina / nevoeiro

la niebla

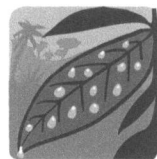

umidade do ar

la humedad

relâmpago

el rayo

trovão

el trueno

tempestade

la tormenta

granizo

el granizo

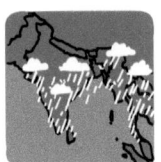

monção

el monzón

inundação

la inundación

gelo

el hielo

janeiro

enero

fevereiro

febrero

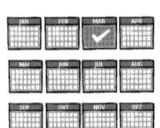

março

marzo

abril

abril

maio

mayo

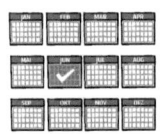

junho

junio

julho

julio

agosto

agosto

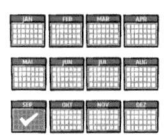

setembro
....
septiembre

outubro
....
octubre

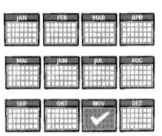

novembro
....
noviembre

dezembro
....
diciembre

formas

las formas

círculo
....
el círculo

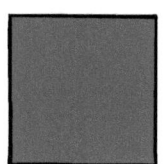

quadrado
....
el cuadrado

retângulo
....
el rectángulo

triângulo
....
el triángulo

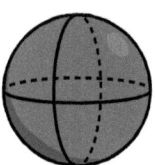

esfera
....
la esfera

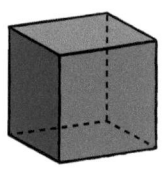

cubo
....
el cubo

branco
....
blanco

amarelo
....
amarillo

laranja
....
anaranjado

rosa
....
rosa

vermelho
....
rojo

lilás
....
morado

azul
....
azul

verde
....
verde

marrom
....
marrón

cinza
....
gris

preto
....
negro

muito / pouco

mucho / poco

furioso / tranquilo

enojado / tranquilo

lindo / feio

bonito / feo

começo / fim

principio / fin

grande / pequeno

grande / pequeño

claro / escuro

claro / oscuro

irmão / irmã

el hermano / la hermana

limpo / sujo

limpio / sucio

completo / incompleto

completo / incompleto

dia / noite

el día / la noche

morto / vivo

muerto / vivo

largo / estreito

ancho / estrecho

comestível / não comestível

comestible / no comestible

mau / gentil

malo / amable

entusiasmado / entediado

entusiasmado / aburrido

gordo / magro

gordo / delgado

primeiro / último

primero / último

amigo / inimigo

el amigo / el enemigo

cheio / vazio

lleno / vacío

duro / macio

duro / blando

pesado / leve

pesado / ligero

fome / sede

el hambre / la sed

doente / saudável

enfermo / sano

ilegal / legal

ilegal / legal

inteligente / idiota

inteligente / tonto

esquerda / direita

izquierda / derecha

perto / longe

cerca / lejos

novo / usado
nuevo / usado

nada / alguma coisa
nada / algo

velho / jovem
viejo / joven

ligado / desligado
encendido / apagado

aberto / fechado
abierto / cerrado

baixo / alto
silencioso / ruidoso

rico / pobre
rico / pobre

certo / errado
correcto / incorrecto

áspero / liso
áspero / suave

triste / feliz
triste / contento

curto / longo
corto / largo

lento / rápido
lento / rápido

molhado / seco
húmedo / seco

ameno / fresco
cálido / frío

guerra / paz
guerra / paz

0

zero

cero

1

um

uno

2

dois

dos

3

três

tres

4

quatro

cuatro

5

cinco

cinco

6

seis

seis

7

sete

siete

8

oito

ocho

9

nove

nueve

10

dez

diez

11

onze

once

12	**13**	**14**
doze	treze	quatorze
doce	trece	catorce

15	**16**	**17**
quinze	dezesseis	dezessete
quince	dieciséis	diecisiete

18	**19**	**20**
dezoito	dezenove	vinte
dieciocho	diecinueve	veinte

100	**1.000**	**1.000.000**
cem	mil	milhão
cien	mil	el millón

inglês
....
el inglés

inglês americano
....
el inglés americano

chinês mandarim
....
el chino madarín

hindi
....
el hindi

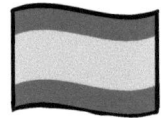

espanhol
....
el español

francês
....
el francés

árabe
....
el árabe

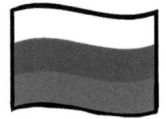

russo
....
el ruso

português
....
el portugués

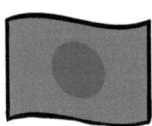

bengalês
....
el bengalí

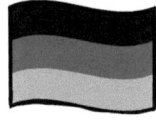

alemão
....
el alemán

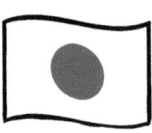

japonês
....
el japonés

eu
....
yo

você
....
tú

ele / ela
....
él / ella / ello

nós
....
nosotros/as

vocês
....
vosotros/as

eles / elas
....
ellos/as

quem?
....
¿quién?

O quê?
....
¿qué?

como?
....
¿cómo?

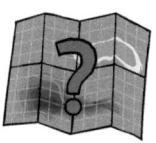

onde?
....
¿dónde?

Quando?
....
¿cuándo?

nome
....
el nombre

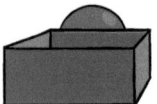

atrás

detrás

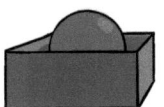

em

en

na frente de

delante de

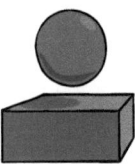

sobre

por encima de

em cima

sobre

debaixo

debajo de

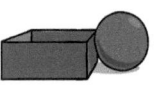

do lado

junto a

entre

entre

lugar

el lugar